北海道

東北地方

関東地方

JN023724

この本の楽しみかた

都道府県庁所在地

都道府県名

人口

（住民基本台帳人口, 2022年）

関連するデータ

面積

分県図

問題

パズル

くわしく学べるポイント

こたえのページ

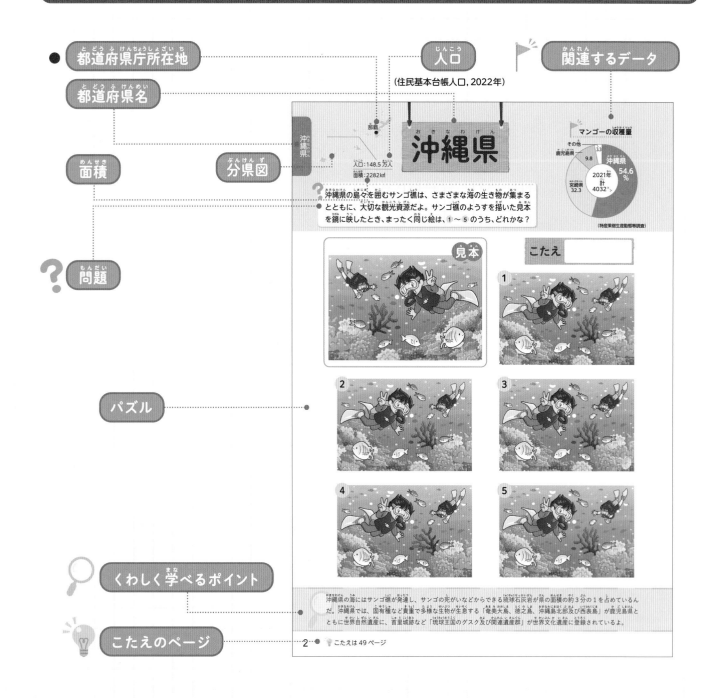

知_しらないほうが楽_{たの}しめる！

都道府県パズル

④名所_{めいしょ}・観光_{かんこう}スポット

国土社編集部／編

那覇

人口：148.5万人
面積：2282km²

沖縄県

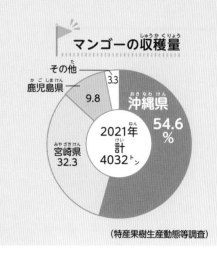

マンゴーの収穫量

その他 3.3
鹿児島県 9.8
沖縄県 54.6%
2021年 計 4032トン
宮崎県 32.3

（特産果樹生産動態等調査）

? 沖縄県の島々を囲むサンゴ礁は、さまざまな海の生き物が集まるとともに、大切な観光資源だよ。サンゴ礁のようすを描いた見本を鏡に映したとき、まったく同じ絵は、1 ～ 5 のうち、どれかな？

見本

こたえ

1

2

3

4

5

沖縄県の海にはサンゴ礁が発達し、サンゴの死がいなどからできる琉球石灰岩が県の面積の約3分の1を占めているんだ。沖縄県では、固有種など貴重で多様な生物が生息する「奄美大島、徳之島、沖縄島北部及び西表島」が鹿児島県とともに世界自然遺産に、首里城跡など「琉球王国のグスク及び関連遺産群」が世界文化遺産に登録されているよ。

鹿児島

人口：160.5万人
面積：9186㎢

鹿児島県

配合飼料の工業生産額

鹿児島県
20.0%
2021年
計
13631
億円
その他
54.6
茨城県
13.4
北海道
12.0

（経済構造実態調査）

鹿児島県の屋久島は、青森県・秋田県の白神山地とともに、日本で初めて登録された世界自然遺産だよ。見本の屋久島のシルエットを逆さまにしたとき、まったく同じになるのは、1 ～ 8 のうち、どれかな？

こたえ

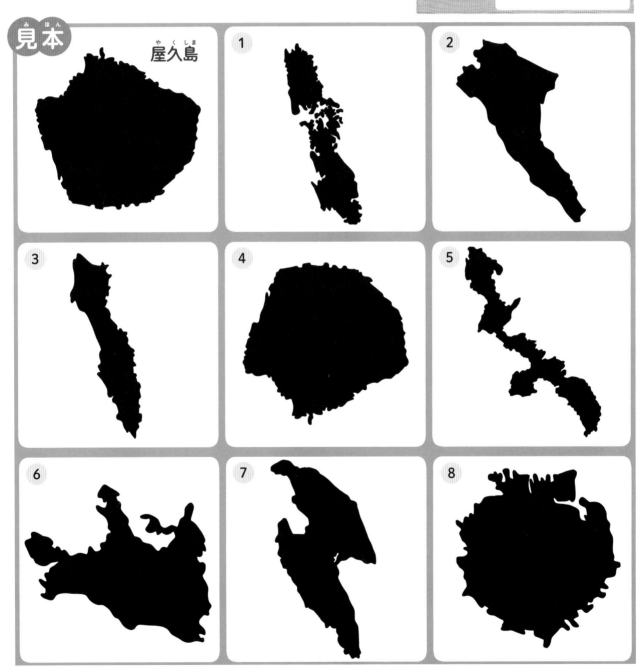

見本　屋久島

1

2

3

4

5

6

7

8

屋久島は「月に 35 日雨が降る」といわれるほど降水量が多く、島のほとんどが花崗岩の塊からなる険しい山地を形成しているよ。そのため、亜熱帯のような海岸から雪の降る冷帯のような山地まで、標高が高くなるにつれて、気候と分布する植物が垂直に変わっていくんだ。栄養のとぼしい花崗岩の山地でゆっくり育った屋久杉の巨木が有名だよ。

こたえは 49 ページ

●宮崎
みやざき

人口：107.8万人
じんこう　　　　　　まんにん
面積：7734k㎡
めんせき

宮崎県
みやざきけん

▶焼ちゅうの工業生産額
しょう　　　　　こうぎょうせいさんがく

宮崎県
みやざきけん
19.3%

2021年
ねん
計
けい
4404
億円
おくえん

その他
46.6

鹿児島県
かごしまけん
18.3

大分県
おおいたけん
15.8

（経済構造実態調査）

? 宮崎県の代表的な景勝地として有名な高千穂峡は、国の名
みやざきけん　だいひょうてき　けいしょうち　　ゆうめい　たかちほきょう　　くに　めい
勝、天然記念物に指定されているよ。高千穂峡のようすを
しょう　てんねんきねんぶつ　してい　　　　　　　　たかちほきょう
描いた見本とまったく同じ絵は、❶～❺のうち、どれかな？
えが　　みほん　　　　　　　おな　え

こたえ

見本
みほん

1

2

3

4

5

高千穂峡は、阿蘇山の火砕流により形成された凝灰岩の台地を川が削ってできた渓谷で、柱状節理と呼ばれる柱状
たかちほきょう　　あそさん　かさいりゅう　　　けいせい　　　ぎょうかいがん　だいち　かわ　けず　　　　けいこく　　ちゅうじょうせつり　　よ　　　　ちゅうじょう
の断崖から大量の湧き水が滝となって落ちる独特の景観をなしているよ。高千穂は天岩戸神話や天孫降臨神話など
だんがい　　たいりょう　わ　みず　たき　　　　　　お　　　どくとく　けいかん　　　　　　　　たかちほ　あめのいわとしんわ　てんそんこうりんしんわ
の舞台と伝えられる地でもあり、新緑・夏のライトアップ・紅葉が美しい季節に、多くの観光客が訪れるんだ。
ぶたい　つた　　　　　ち　　　　　　　しんりょく　なつ　　　　　　　　　　こうよう　うつく　きせつ　　おお　かんこうきゃく　おとず

熊本県

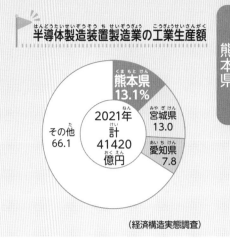

▶半導体製造装置製造業の工業生産額

熊本県 13.1%

2021年
計
41420
億円

その他 66.1

宮城県 13.0

愛知県 7.8

（経済構造実態調査）

人口：174.7万人
面積：7409㎢

? 熊本県の阿蘇山は、世界最大級のカルデラをもつ活火山として有名だよ。見本の阿蘇山の写真は、地図の A〜D の地点のうち、どこから阿蘇山を撮影した写真かな？

見本

こたえ ☐

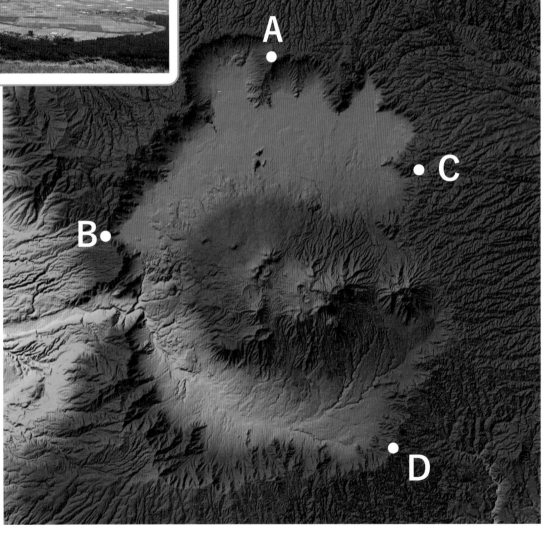

※国土地理院「地理院地図」を加工して作成。

カルデラは、火山の活動によってできた、火口よりも大きい凹地のことだよ。阿蘇山のカルデラは、大規模な噴火で地下のマグマが放出され、まわりの外輪山を残して地表が陥没してできたんだ。直径 20km 前後の巨大なカルデラは、中央の火口丘より北の阿蘇谷と南の南郷谷に分けられ、田畑や牧場が開け、鉄道や道路も走っていて、3つの市町村があるよ。

💡 こたえは 49 ページ

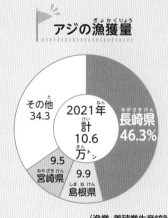

長崎県

人口：132.0万人
面積：4130㎢

長崎 ●

アジの漁獲量

その他
34.3

2021年
計
10.6
万トン

長崎県
46.3%

9.9
島根県

9.5
宮崎県

（漁業・養殖業生産統計）

長崎県の対馬は、朝鮮半島まで約50kmの距離にある国境の島だよ。見本の対馬のシルエットを鏡に映したとき、まったく同じになるのは、①〜⑧のうち、どれかな？

こたえ

見本

対馬

①

②

③

④

⑤

⑥

⑦

⑧

山がちな対馬は、海岸線の複雑なリアス海岸が美しい浅茅湾をはさんで、南北の島に分けられるよ。朝鮮半島との交流の歴史が深く、軍事基地としても重要な役割を果たしてきたんだ。長崎県には、世界文化遺産の「長崎と天草地方の潜伏キリシタン関連遺産」と「明治日本の産業革命遺産 製鉄・製鋼、造船、石炭産業」の一部があるよ。

佐賀

佐賀県（さがけん）

人口：81.2万人
面積：2440km²

陶磁器製置物の工業生産額（とうじきせいおきもの こうぎょうせいさんがく）

その他 34.5

佐賀県 36.9%

2021年 計36億円

滋賀県 9.4

愛知県 19.2

（経済構造実態調査）

? 佐賀市内（さがしない）で開かれる佐賀（さが）インターナショナルバルーンフェスタには、世界各国（せかいかっこく）から100機以上（きいじょう）の熱気球（ねっききゅう）が参加（さんか）するよ。下（した）の絵（え）には、熱気球（ねっききゅう）ではないものが5つ描（えが）かれているよ。どこにあるかな？

佐賀（さが）インターナショナルバルーンフェスタは、秋（あき）に佐賀市内（さがしない）の河川敷（かせんじき）で開かれる熱気球（ねっききゅう）の国際大会（こくさいたいかい）だよ。さまざまなイベントも同時（どうじ）におこなわれ、来場者数（らいじょうしゃすう）は80万人以上（まんにんいじょう）といわれるよ。大会期間中（たいかいきかんちゅう）は臨時駅（りんじえき）のバルーンさが駅（えき）が設（もう）けられ、駐車場（ちゅうしゃじょう）に車（くるま）を停（と）めてから鉄道（てつどう）やバスで会場（かいじょう）に移動（いどう）するパークアンドライドもおこなわれているよ。

こたえは49ページ

7

大分

人口：113.1万人
面積：6340㎢

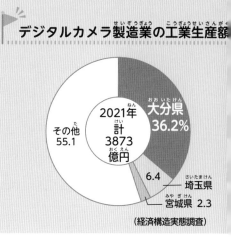

デジタルカメラ製造業の工業生産額

2021年
計
3873
億円

大分県
36.2%

その他
55.1

6.4 — 埼玉県

宮城県 2.3

（経済構造実態調査）

？ 大分県の別府温泉の温泉成分をある魚のエサに混ぜたところ、養殖がうまくいったんだ。下の1〜79の点を順番にたどると、その魚のすがたがあらわれるよ。その魚の名前は、なにかな？

こたえ

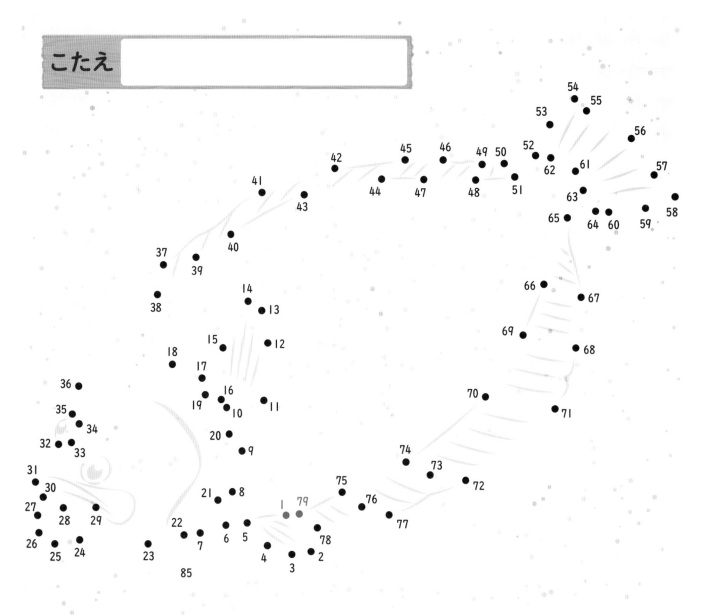

この魚の養殖量は、大分県が全国一だよ。しかし、この魚は病気に弱いことから養殖が難しく、豊富な温泉の湧出量をほこる地元の別府温泉の微生物を養殖にいかす取り組みが研究されるようになったんだ。この魚以外にも、シマアジやトラフグなどの養殖に温泉成分を活用する実験がおこなわれているよ。

福岡県

人口：510.8万人
面積：4987㎢

（経済構造実態調査□）

ゴム底布靴の工業生産額

福岡県 38.1%
2021年 計 87 億円
その他 50.5
兵庫県 11.4

天神さまとして菅原道真をまつる福岡県の太宰府天満宮には、全国からの参拝客が集まるよ。見本は太宰府天満宮にゆかりの深い梅の花のシルエットだよ。 1 〜 11 のうち、梅の花はどれかな？

見本 梅

こたえ

1

2

3

4

5

6

7

8
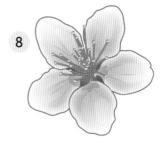

9

10
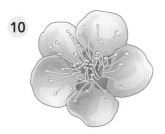

11
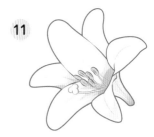

菅原道真は、天皇の信頼を得て遣唐使の廃止を提案するなど、右大臣にまで出世した平安時代の学者だよ。しかし、左大臣の藤原時平の中傷によって大宰府に左遷され、無念のうちに亡くなったんだ。福岡県の世界文化遺産には「明治日本の産業革命遺産　製鉄・製鋼、造船、石炭産業」の一部と、「『神宿る島』宗像・沖ノ島と関連遺産群」があるよ。

こたえは 50 ページ

愛媛県

人口：134.1万人
面積：5675k㎡

タオルの工業生産額

和歌山県
3.4
その他
12.6
2021年
計
456
億円
大阪府
26.9
愛媛県
57.1
%

（経済構造実態調査）

愛媛県の道後温泉は、古い歴史書にも記録がある有名な温泉地だよ。道後温泉の足湯のようすを描いた見本を鏡に映したとき、まったく同じ絵は、1 〜 5 のうち、どれかな？

見本

こたえ

1

2

3

4

5

『風土記』という奈良時代の記録によれば、厩戸皇子（聖徳太子）や中大兄皇子（天智天皇）なども道後温泉を訪れたとされているよ。明治時代には、松山中学の英語教師となった夏目漱石が俳人の正岡子規や高浜虚子とともに訪れ、道後温泉本館は小説『坊っちゃん』の舞台になったんだ。松山の市街地から路面電車に乗って行くことができるよ。

こたえは 50 ページ

高知

人口：69.3万人
面積：7102k㎡

高知県

しょうがの収穫量

その他
37.9
2021年
計
4.8
万トン
高知県
41.0%
千葉県
10.4
熊本県
10.7

（作物統計調査）

高知市内にある高知城は、江戸時代につくられた天守と本丸御殿が両方とも残されている唯一の城だよ。見本は、高知城のシルエットだよ。1 〜 5 のうち、高知城はどれかな？

見本　高知城

こたえ

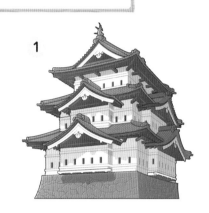
1

2

3

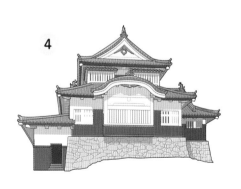
4

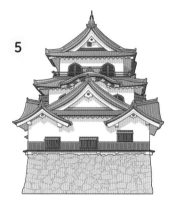
5

天守（天守閣）は、城の中心をなす櫓のことで、櫓は指揮・監視・防御・武器庫などの役割を果たす高い建物だよ。安土桃山時代には、屋根の数が三重や五重にもなる豪華な天守が、城主の力を示すシンボルとして、さかんにつくられたんだ。江戸時代以前に建てられ、保存されている天守は 12 しかなく、現存 12 天守（17 ページ）と呼ばれているんだよ。

こたえは 50 ページ　　11

徳島県

人口：72.6万人
面積：4146㎢

発光ダイオードの工業生産額

その他
19.3

2021年
計
3129
億円

徳島県
80.7%

（経済構造実態調査）

阿波踊りは、8月に徳島を中心におこなわれる有名な盆踊りだよ。「阿波」は徳島県の旧国名なんだ。阿波踊りのようすを描いた上下の絵を見くらべて、ちがうところを6つ見つけよう。

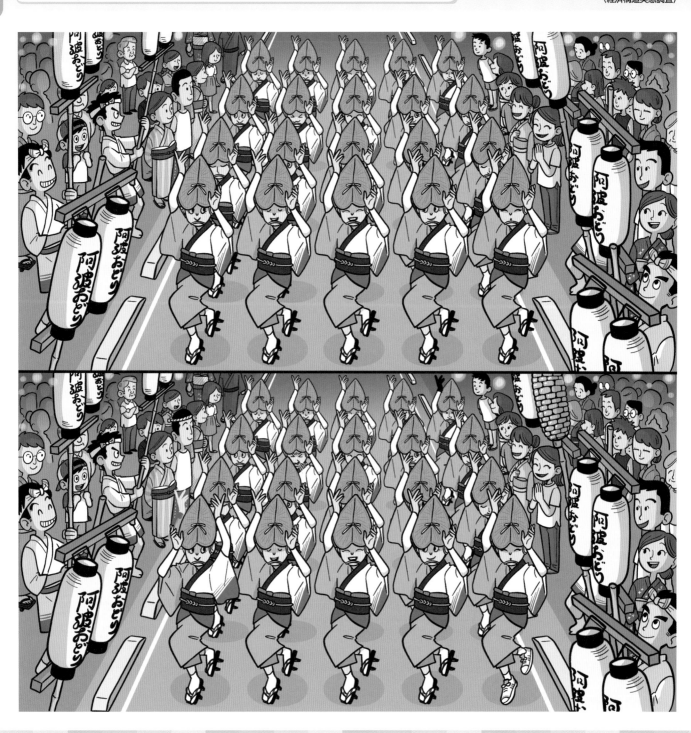

阿波踊りでは「連」と呼ばれるグループを組み、男性はゆかたやはっぴ姿、女性は白足袋に下駄を履いて編笠をかぶるよ。三味線・太鼓・笛などによる2拍子のリズムで、「踊る阿呆に見る阿呆　同じ阿呆なら踊らにゃ損、損」などと歌いながら踊り歩くんだ。本場・徳島の阿波踊りには、多いときは100万人以上の観光客が訪れるといわれているよ。

高松

香川県
（かがわけん）

人口：96.4万人
面積：1876㎢

衣服用ニット手袋の工業生産額

愛知県
4.0
その他
11.4
2021年
計
33
億円
香川県
84.6%

（経済構造実態調査）

? 瀬戸内海で淡路島の次に大きい香川県の小豆島は、オリーブの島としても有名だよ。見本の小豆島とまったく同じシルエットは、1〜8のうち、どれかな？

こたえ

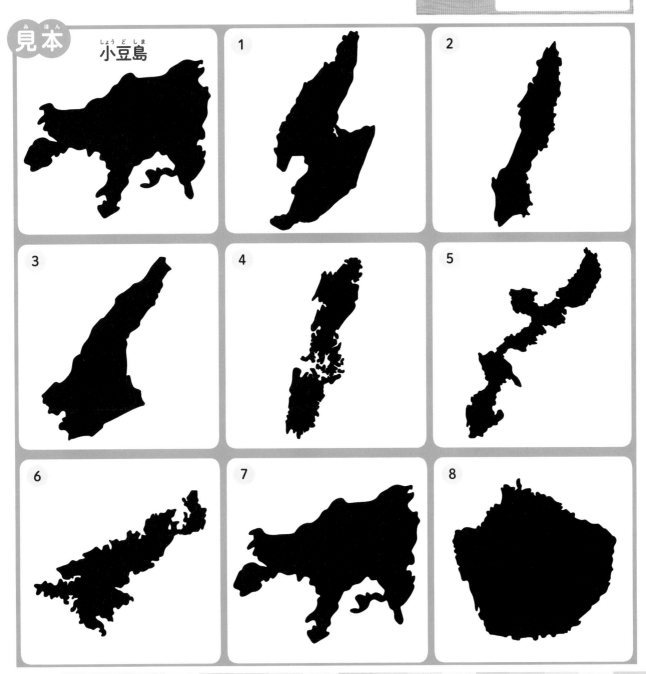

見本　小豆島（しょうどしま）

1

2

3

4

5

6

7

8

小豆島は、かつて壺井栄の小説を原作とする映画「二十四の瞳」の舞台になったことで有名になり、今では直島・豊島などとともに瀬戸内国際芸術祭の会場の1つとして、多くの観光客が訪れる島だよ。島西部の土庄町の中心部は、攻めてくる敵や海賊、海風に備えて路地が複雑に入り組んでいるため、「迷路のまち」と呼ばれているよ。

こたえは50ページ

山口県

人口：134.0万人
面積：6112k㎡

山口県の秋吉台には、石灰岩が溶かされてできた日本最大級の
カルスト地形が広がっているよ。下の絵には、見本の石灰岩とまっ
たく同じ岩が1つだけあるよ。どこにあるか、見つけられるかな？

山口県

見本

カルスト地形は、地表に露わになった石灰岩が雨水や地下水によって溶かされ、複雑な形に発達した地形のことだよ。
秋吉台の地下には石灰岩の割れ目に沿って洞くつができ、そこを地下水が流れているんだ。日本最大級の鍾乳洞である
秋芳洞は、不思議な形の石灰岩を見に数十万人もの人が訪れるといわれ、秋吉台の観光の中心となっているよ。

広島県

ひろしまけん

人口：278.8万人

面積：8479km²

ウスター・中濃・濃厚ソースの工業生産額
ちゅうのう のうこう こうぎょうせいさんがく

広島県
ひろしまけん
27.5%

その他
47.6

2021年
ねん
計
495
億円
おくえん

兵庫県
ひょうごけん
14.3

埼玉県
さいたまけん
10.6

(経済構造実態調査)

？ 広島市内の平和記念公園の「原爆の子の像」には、平和への
祈りがこめられた、たくさんの折り鶴が捧げられているよ。見
本とまったく同じ折り鶴は、どこにあるかな？

見本
みほん

1945年8月6日、広島に原爆（原子爆弾）が落とされ、一瞬にして多くの貴重な命が奪われた。さらに放射線による
障害の後遺症に多くの人が苦しみ、亡くなっていったんだ。被爆から10年後に12歳の少女が白血病で亡くなった
のをきっかけに原爆の子の像がつくられ、国内外の折り鶴が平和の祈りをこめて捧げられるようになったよ。

こたえは51ページ

岡山県
（おかやまけん）

人口：187.9万人
面積：7114k㎡

岡山県の高梁にある備中松山城は、山城として唯一、江戸時代の天守が残されている現存12天守（11ページ）の1つだよ。また、島根県の松江城も、宍道湖を望む（問題文17ページ上へ続く）

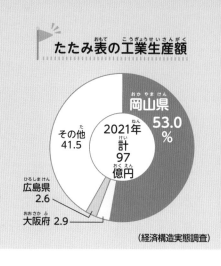

たたみ表の工業生産額

岡山県 53.0%
2021年 計 97億円
その他 41.5
広島県 2.6
大阪府 2.9

（経済構造実態調査）

岡山県

見本 備中松山城
（びっちゅうまつやまじょう）

こたえ

見本 松江城
（まつえじょう）

こたえ

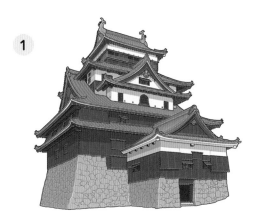

①

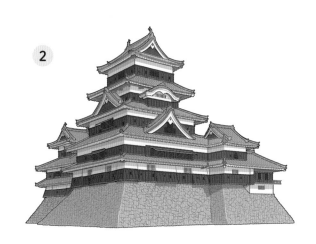

②

岡山県の旧国名は、「備前」「備中」「美作」だよ。備中松山城は、臥牛山という山の地形を利用して築かれた山城で、山頂にある天守まで行くには山道と階段を登るんだ。明治時代はじめ、廃城令が出されて多くの城の建物が失われていくなか、備中松山城の天守や櫓は不便な山の上にあったことから放置され、残されたままとなったんだ。

島根県（しまねけん）

松江

人口：66.6万人
面積：6707㎢

ことのできる天守をもった、現存 12 天守の 1 つなんだ。見本は、備中松山城と松江城のシルエットだよ。16 〜 17 ページの 1 〜 8 のうち、備中松山城と松江城はどれかな？

固定コンデンサの工業生産額

島根県 28.6%
2021年
計 10188 億円
その他 40.1
福井県 19.4
秋田県 11.9

（経済構造実態調査）

島根県（しまねけん）

3
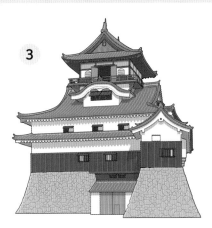

4
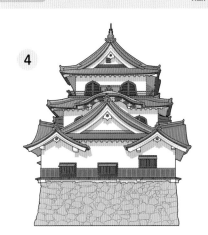

5
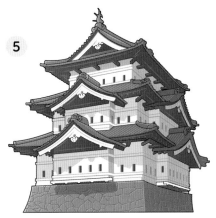

6
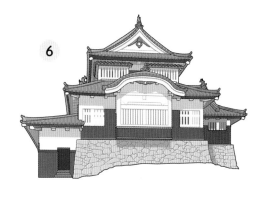

7
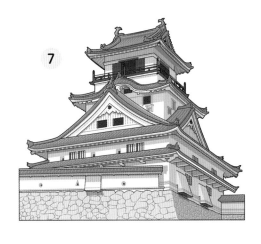

8
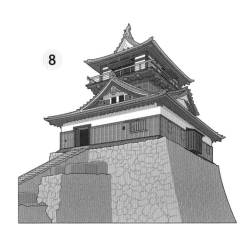

「千鳥城」という別名をもつ松江城は、亀田山という小高い丘を利用して築かれた平山城で、内堀に宍道湖の水を引き、川を外堀として利用していたんだ。現存 12 天守のうち、国宝に指定されているのは松本城・犬山城・彦根城・姫路城・松江城の 5 つで、ほかに弘前城・丸岡城・備中松山城・丸亀城・松山城・宇和島城・高知城があるよ。

こたえは 51 ページ

鳥取

人口：55.1万人
面積：3507㎢

鳥取県

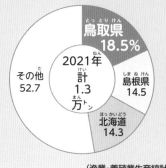

? 鳥取県の鳥取砂丘では、ある動物を撮影したり、乗ってみたりできる体験が人気だよ。見本は、その動物のシルエットだよ。
このシルエットの動物は、 1 ～ 8 のうち、どれかな？

鳥取県

見本

こたえ

1

2

3

4

5

6

7

8

砂丘は、風によって運ばれた砂が積もってできた小高い丘のことだよ。日本には、ほかに鹿児島県の吹上砂丘、山形県の庄内砂丘、静岡県の中田島砂丘、青森県の猿ヶ森砂丘などの砂丘があるよ。降水量が極端に少ない砂漠のように植物がまったく育たない場所ではなく、防砂林としてマツなどを植えたり、周辺で農業をしたりしているんだ。

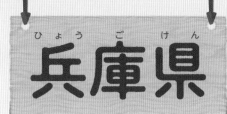

兵庫県

神戸

人口：548.8万人
面積：8400㎢

線香類の工業生産額

その他 20.2
栃木県 10.4
京都府 17.5
兵庫県 51.9％
2021年
計
224
億円

（経済構造実態調査）

兵庫県の姫路城は、その美しさや城の大部分が残されている保存状態の良さなどから、世界文化遺産に登録されているよ。見本は、姫路城のシルエットだよ。1～5のうち、姫路城はどれかな？

見本　姫路城

こたえ

1
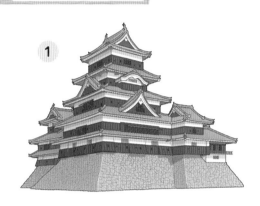

2

3
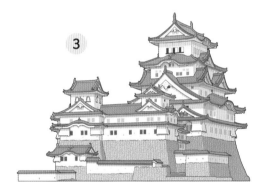

4

5
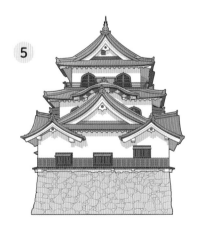

姫路の小高い丘の上に築かれた平山城の姫路城は、白壁で統一された外見の美しさから「白鷺城」という別名があるよ。現存12天守（11ページ）の1つで、大天守と3つの小天守を渡櫓で結ぶ連立式の天守なんだ。大天守の屋根は、複数の階にまたがる大千鳥破風・軒先の一部が曲線に持ち上がっている軒唐破風などで、たくみに飾られているよ。

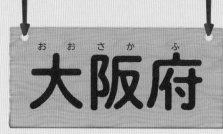

大阪府（おおさかふ）

人口（じんこう）：880.0 万人（まんにん）
面積（めんせき）：1905㎢

チョコレート類（るい）の工業生産額（こうぎょうせいさんがく）

大阪府（おおさかふ）
18.9%

2021年（ねん）
計（けい）
5354
億円（おくえん）

その他（た）
52.4

埼玉県（さいたまけん）
17.4

茨城県（いばらきけん）
11.3

（経済構造実態調査）

? 世界文化遺産（せかいぶんかいさん）である「百舌鳥（もず）・古市古墳群（ふるいちこふんぐん）　古代日本（こだいにほん）の墳墓群（ふんぼぐん）」の 49 基（き）の古墳（こふん）のうち、21 基（き）は前方後円墳（ぜんぽうこうえんふん）だよ。見本（みほん）の前方後円墳（ぜんぽうこうえん）を斜（なな）めから見（み）ると、①〜⑧のうち、どれに見（み）えるかな？

こたえ

見本（みほん） **前方後円墳（ぜんぽうこうえんふん）**

① ② ③ ④ ⑤ ⑥ ⑦ ⑧

古墳（こふん）は、3 世紀（せいき）から 7 世紀末（せいきすえ）ごろまでに、盛（も）り土（つち）をしてつくられた墓（はか）のことだよ。古墳（こふん）をつくるには大（おお）きな工事（こうじ）が必要（ひつよう）になるため、おもに大王（おおきみ）（のちの天皇（てんのう））や豪族（ごうぞく）など有力者（ゆうりょくしゃ）の墓（はか）といわれているんだ。前方後円墳（ぜんぽうこうえんふん）など、さまざまな形（かたち）の墳丘（ふんきゅう）があり、その斜面（しゃめん）には葺石（ふきいし）が敷（し）かれ、上（うえ）やまわりに埴輪（はにわ）が置（お）かれたものもあるよ。

人口：251.1万人
面積：4612㎢

京都

京都府
（きょうとふ）

既製和服・帯の工業生産額

京都府 48.4%
2021年 計 171億円
その他 36.7
福岡県 7.4
福井県 7.5

（経済構造実態調査）

? 京都府の宮津にある天橋立は、足を開いて股の間から逆さまにながめる「股のぞき」で有名だよ。見本の天橋立の絵を逆さまにしたとき、まったく同じ絵は、① 〜 ⑤ のうち、どれかな？

こたえ

京都府

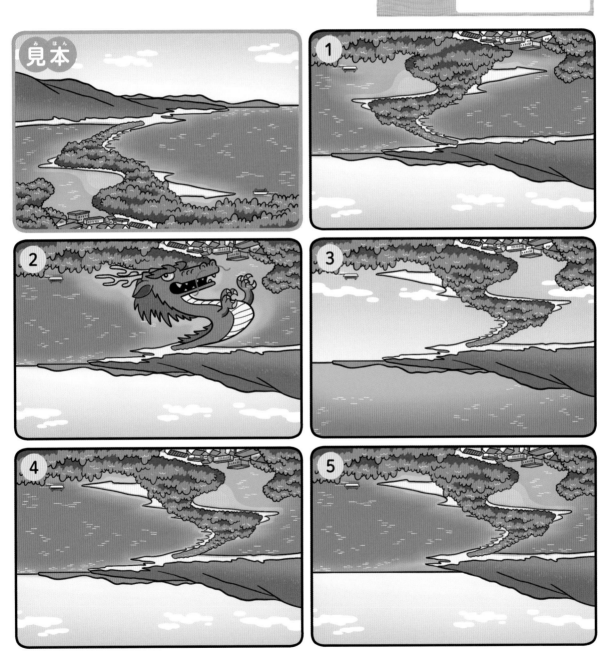

見本

① ② ③ ④ ⑤

天橋立は、宮城県の松島や広島県の宮島とともに、日本三景の1つだよ。美しい白砂青松の砂州は、百人一首の和歌に詠まれたり、室町時代の画家・雪舟の水墨画に描かれたりと、古くから有名な景勝地だったんだ。「股のぞき」でながめると、場所によって海と空が逆転して見えたり、砂州の部分が空に舞う龍のように見えたりするらしいんだ。

こたえは 52 ページ

奈良県（ならけん）

人口：133.5万人
面積：3690㎢

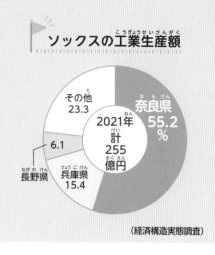

ソックスの工業生産額

その他 23.3
奈良県 2021年 55.2%
計 255 億円
6.1
長野県
兵庫県 15.4

（経済構造実態調査）

下の地図のうち、黄色い点と文字で示されている場所と、Ⓐ〜Ⓕのルートが、奈良県・和歌山県・三重県にまたがる紀伊山地の霊場と参詣道として、世界文化遺産に （問題文23ページ上へ続く）

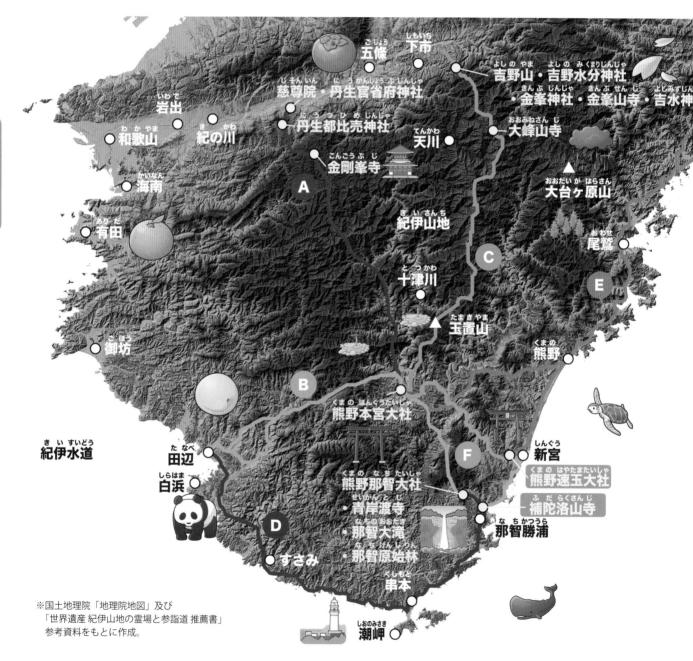

五條
下市
吉野山・吉野水分神社
・金峯神社・金峯山寺・吉水神社
慈尊院・丹生官省府神社
岩出
紀の川
丹生都比売神社
天川
大峰山寺
和歌山
金剛峯寺
Ⓐ
大台ヶ原山
海南
紀伊山地
有田
尾鷲
Ⓒ
十津川
Ⓔ
御坊
玉置山
熊野
Ⓑ
熊野本宮大社
紀伊水道
田辺
新宮
Ⓕ
白浜
熊野速玉大社
熊野那智大社
補陀洛山寺
・青岸渡寺
那智勝浦
Ⓓ
・那智大滝
・那智原始林
すさみ
串本
潮岬

※国土地理院「地理院地図」及び
「世界遺産 紀伊山地の霊場と参詣道 推薦書」
参考資料をもとに作成。

奈良県の吉野山では、古くから信仰の対象として桜が保護され、その数は3万本にのぼるといわれるよ。「吉野」が桜の歌枕（多くの人が和歌に詠みこんだ名所）となるほどの桜の名所なんだ。また、百人一首では、「朝ぼらけ　有明の月と　見るまでに　吉野の里に　ふれる白雪」という吉野の雪景色を詠んだ和歌などが有名だよ。

和歌山県（わかやまけん）

グリーンピースの収穫量

和歌山県 43.2%
2021年
計 0.5 万トン
その他 38.0
鹿児島県 13.4
北海道
5.4

（作物統計調査）

登録されているよ。下の3人は、それぞれ🅐〜🅕の参詣道の
うち、いずれかのルートの話をしているよ。どのルートの話を
しているのか、地図をよく見ながら、見つけられるかな？

志摩半島

熊野灘

和歌山県

このルートは「大辺路」と呼ばれ、かなりの距離を歩かなければならない
よ。「中辺路」と分かれると、右手に海を見ながら進み、また「中辺路」
と合流するんだ。道中の景色がいいので、江戸時代には画家や歌人など観
光をかねた人々がよく利用していたといわれているよ。けれども、断崖や
荒磯の起伏が続くため、歩くのに険しいことは変わりないんだ。鉄道や
国道が整備されたため、やがて使われ
なくなり、本来のルートがわからなく
なってしまった場所もあるんだよ。

こたえ ▢

このルートは、修験道の祖である役行者（役小角）が開いたといわれ、修験道
の山伏がこの道に入って読経や修法などの修行をすることを「峯入」というよ。
標高 1200〜1900m の山々の尾根を縫うように縦走することになり、熊野古道
で最も険しいルートなんだ。2つの聖地を結ぶ道中には寺社のほか、「宿」や
「靡」と呼ばれる修験道の霊場がたくさんあるよ。源 義経・後醍醐天皇の南
朝・豊臣秀吉などに関連する有名な史跡が集
まっているエリアは、ロープウェイと徒歩で
めぐることができるよ。

こたえ ▢

このルートは「小辺路」や「高野街道」と呼ばれ、起伏が激しく、標高 1000m 以上の峠を
3つも越えなければならないけれども、2つの有名な霊場を最短距離で結び、商人などがよ
く使ったといわれているよ。100を超える寺院が集まる高野山までは、「高野七口」といわれ
るようにこのルートをふくむ7つの参詣道があったけれど、今はケーブルカーやバスを
使って行けるよ。高野山から先のルートは手つかずの
自然が残され、交通機関や宿泊施設も少ないから、歩
くには十分な準備と計画が必要だ。

こたえ ▢

熊野本宮大社・熊野速玉大社・熊野那智大社は熊野三山と呼ばれて信仰を集め、平安時代の天皇や上皇が京の都か
ら「中辺路」を通って、さかんにお参り（熊野御幸）するようになったよ。鎌倉時代に伊勢路が開かれると、「蟻の
熊野詣」ということわざが生まれるほど、たくさんの武士や庶民も熊野三山の参拝に訪れたんだ。

💡 こたえは 52 ページ　23

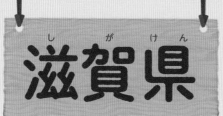

滋賀県

●大津

人口：141.5万人
面積：4017㎢

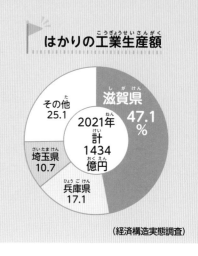

その他 25.1

滋賀県 47.1%

2021年 計 1434 億円

埼玉県 10.7

兵庫県 17.1

（経済構造実態調査）

琵琶湖は、滋賀県の面積の約6分の1を占める日本最大の湖だよ。見本の琵琶湖のシルエットを左右に回転させたとき、形がまったく同じ湖は、①～⑪のうち、どれかな？

滋賀県

見本

琵琶湖

こたえ

①  ②

③ ④  ⑤

⑥  ⑦  ⑧

⑨  ⑩  ⑪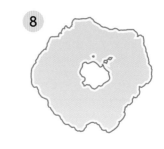

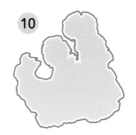

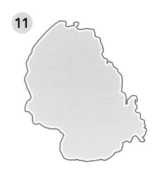

琵琶湖は、形が楽器の琵琶に似ていることから名づけられたんだよ。周辺の山地から琵琶湖に流れこんでいる川は117にもなるけれど、琵琶湖から流れ出ているのは瀬田川と琵琶湖疏水だけなんだ。そのため、水害がおこらないよう、瀬田川の流出口に水門を設けて、水量を調整しているんだよ。

三重県（みえけん）

人口（じんこう）：178.4万人（まんにん）
面積（めんせき）：5774㎢

津

？ 伊賀流忍者博物館（いがりゅうにんじゃはくぶつかん）がある三重県（みえけん）の伊賀（いが）は、伊賀流忍者発祥（いがりゅうにんじゃはっしょう）の地（ち）として「忍者市（にんじゃし）」宣言（せんげん）もおこなったよ。忍者（にんじゃ）のようすを描（えが）いた上下（じょうげ）の絵（え）を見（み）くらべて、ちがうところを7つ見（み）つけよう。

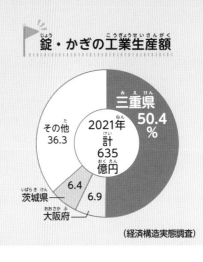

錠（じょう）・かぎの工業生産額（こうぎょうせいさんがく）

三重県（みえけん） 50.4%
2021年（ねん）
計（けい）
635
億円（おくえん）

その他（た）
36.3

茨城県（いばらきけん） 6.4
大阪府（おおさかふ） 6.9

（経済構造実態調査）

三重県伊賀地方（みえけんいがちほう）と、となり合（あ）う滋賀県甲賀地方（しがけんこうかちほう）は、忍者発祥（にんじゃはっしょう）の地（ち）として有名（ゆうめい）だよ。それぞれの出身（しゅっしん）で忍（しの）びの術（じゅつ）が得意（とくい）な者（もの）は伊賀者（いがもの）や甲賀者（こうがもの）と呼（よ）ばれ、お互（たが）いの交流（こうりゅう）もさかんだったよ。江戸時代（えどじだい）は幕府（ばくふ）や大名（だいみょう）にやとわれ、隠密（おんみつ）や警備（けいび）などの仕事（しごと）をしていたんだ。伊賀者（いがもの）では服部半蔵（はっとりはんぞう）や百地丹波（ももちたんば）が有名（ゆうめい）だよ。

三重県（みえけん）

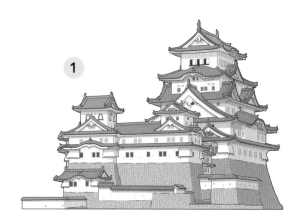

●名古屋

愛知県

人口：752.8万人
面積：5173k㎡

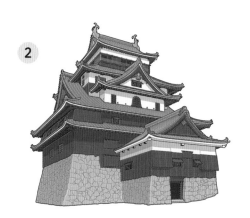

自動車製造業の工業生産額

愛知県
27.1%

2021年
計
199167
億円

その他
54.7

福岡県
10.1

静岡県
8.1

（経済構造実態調査）

? 愛知県の犬山城は、木曽川沿いの小高い丘に築かれた平山城で、中国の長江沿いの城にちなんで「白帝城」という別名があるよ。また、長野県の松本城は、松本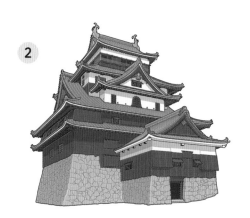

また、長野県の松本城は、松本（問題文 27 ページ上へ続く）

見本 犬山城

こたえ [   ]

見本 松本城

こたえ [   ]

---

① ②

🔍 犬山城は織田氏によって築かれた小規模な城だけれど、尾張国（愛知県西部の旧国名）と美濃国（岐阜県南部の旧国名）の境にあったため、小牧・長久手の戦いや関ヶ原の戦いといった歴史上の重要な戦いで重視されたんだ。明治時代の廃城令で廃城の処分となったけれど、やがて旧城主個人のものとなって天守が残されたんだ。

長野県
なが　　の　　けん

人口：205.6万人
面積：13561km²

みその工業生産額
こうぎょうせいさんがく

長野県 51.3%

その他 32.1

2021年 計 1431 億円

7.1 愛知県

9.5 群馬県

（経済構造実態調査）

盆地に築かれた平城だよ。いずれも国宝で、現存 12 天守（11ページ）の 1 つなんだ。見本は、犬山城と松本城のシルエットだよ。26 ～ 27 ページの ① ～ ⑧ のうち、犬山城と松本城はどれかな？

3
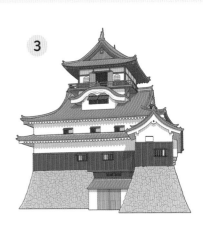

4
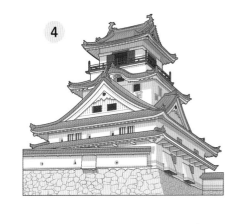

5

6
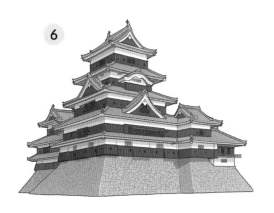

長野県
なが　の　けん

7
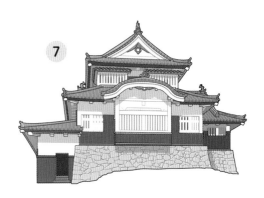

8

天守や櫓のすみの床をあえて突き出すようにつくり、その部分の床板を開け閉めすることで、そこから下を監視したり、石垣を登る敵に石を落としたり、鉄砲を撃ったりするしくみを「石落」というよ。また、弓矢や鉄砲を撃つための小さな窓を「矢狭間」や「鉄砲狭間」というよ。城には、このような敵の攻撃に備えるしくみが見られるんだ。

甲府

人口：81.6万人
面積：4465k㎡

ミネラルウォーターの工業生産額

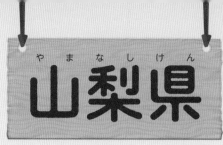

山梨県

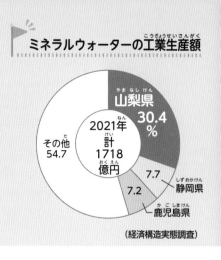

山梨県 30.4%

2021年
計
1718
億円

その他
54.7

静岡県 7.7

鹿児島県 7.2

（経済構造実態調査）

？ 山梨県と静岡県の県境にそびえる富士山は、標高3776mの日本一高い山で、古くから日本人の信仰を集め、芸術作品に描かれたり歌われたりしてきた活火山だよ。（問題文29ページ上へ続く）

山梨県

見本

1 2 3 4 5

「富士山　信仰の対象と芸術の源泉」として世界文化遺産に登録されたのは、山頂の信仰遺跡群・4つの登山道、富士五湖、富士山本宮浅間大社と7つの浅間神社、忍野八海、白糸ノ滝、三保松原、2つの御師住宅、2つの胎内樹型、人穴富士講遺跡と多岐にわたるよ。富士山が信仰の対象や芸術の源泉として幅広く人々と関わってきたことがわかるよ。

静岡県（しずおかけん）

人口：365.8万人
面積：7777km²

こうした文化的価値から「富士山　信仰の対象と芸術の源泉」が世界文化遺産に登録されているんだ。28ページの見本の①〜⑤は、富士山の周辺を描いた下の絵のどこにあるかな？

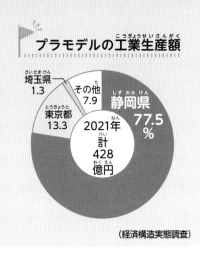

プラモデルの工業生産額

埼玉県 1.3
その他 7.9
東京都 13.3
静岡県 77.5%
2021年
計
428
億円

（経済構造実態調査）

静岡県（しずおかけん）

富士山を描いた浮世絵として葛飾北斎の「富嶽三十六景」が知られていて、歌川広重の「東海道五十三次」にも富士山が見られるよ。また、『万葉集』では山部赤人の「田子の浦ゆ　うち出でてみれば　真白にぞ　富士の高嶺に雪は降りける」という短歌が有名だよ。『新古今和歌集』にも収録されたこの歌は百人一首に選ばれているんだ。

岐阜県

人口：199.6万人
面積：10621㎢

岐阜県の白川郷と、富山県の五箇山には、茅葺き屋根の合掌造りと呼ばれる家屋の集落が見られ、「白川郷・五箇山の合掌造り集落」として世界文化遺産に登録され（問題文 31 ページ上へ続く）

包丁の工業生産額

その他　5.2
大阪府 8.8
岐阜県 56.0 %
2021年 計 245 億円
新潟県 30.0

（経済構造実態調査）

岐阜県

※これは合掌造り集落の特色を理解するために描かれたイラストで、すべてが正確なものではなく、実際の集落のようすとは異なるところがあります。

合掌造り集落では、谷間のわずかな平地に民家が屋根を同じような向きにそろえて並んでいるよ。また、集落のまわりは木々に囲まれている。これらは、谷間を吹き抜ける強風から屋根を守るためといわれているんだ。また、屋根がほぼ東西に向いていることで日光があたり、積もった雪が溶けやすく、茅が乾きやすくなるともいわれているんだよ。

富山県
（とやまけん）

富山（とやま）

人口：103.7万人
面積：4247km²

住宅用アルミサッシの工業生産額（じゅうたくよう こうぎょうせいさんがく）

富山県（とやまけん）
39.8%

2021年
計
2460
億円

その他
45.1

茨城県（いばらきけん）
7.5

埼玉県（さいたまけん）
7.6

（経済構造実態調査）

ているよ。3か所の合掌造り集落のようすを描いた30ページと31ページの絵をそれぞれ見くらべて、ちがうところを合計9つ見つけよう。

「合掌（がっしょう）」は両手（りょうて）をあわせて拝（おが）むことだよ。雪（ゆき）の重（おも）みや強風（きょうふう）に耐（た）えるため、急勾配（きゅうこうばい）で巨大（きょだい）な山形（やまがた）になっている屋根（やね）が、合掌（がっしょう）したときの腕（うで）の形（かたち）に似（に）ていることから「合掌造（がっしょうづく）り」と呼（よ）ばれるんだ。室内（しつない）は3〜5階（かい）からなり、屋根裏（やねうら）の広（ひろ）い空間（くうかん）はカイコの飼育（しいく）（養蚕（ようさん））などの作業（さぎょう）や寝室（しんしつ）に利用（りよう）され、豪雪地帯（ごうせつちたい）の暮（く）らしの理（り）にかなった工夫（くふう）がされているよ。

富山県（とやまけん）

こたえは53ページ

福井県
ふくいけん

福井
ふくい

人口：76.7万人
じんこう まんにん

面積：4190km²
めんせき

? 福井県の勝山にある世界有数の規模の博物館が人気を集めているよ。下の1～69の点を順番にたどると、その博物館のテーマである生き物のすがたがあらわれるよ。どんな生き物なのかな？

眼鏡枠の工業生産額
めがねわく こうぎょうせいさんがく

東京都
とうきょうと
0.6

その他

5.6

2021年
ねん
計
けい
380
億円
おくえん

福井県 93.8%
ふくいけん

（経済構造実態調査）

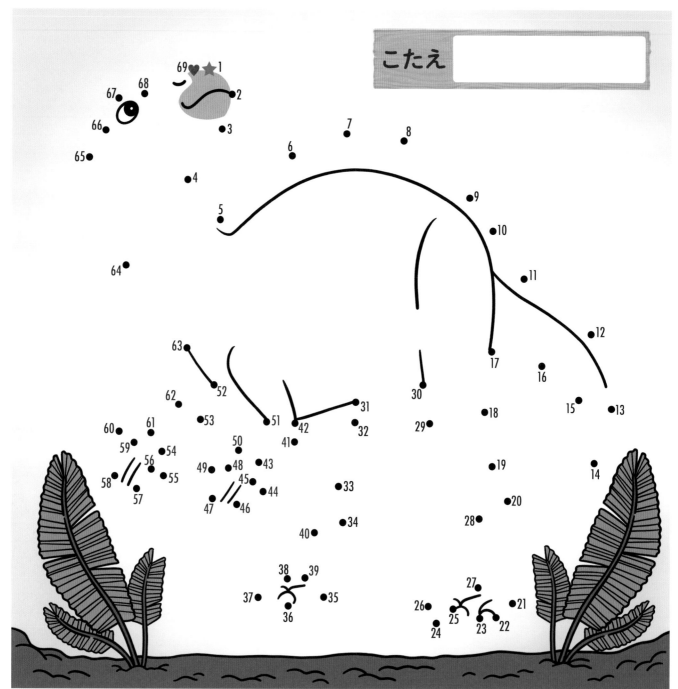

こたえ

福井県
ふくいけん

福井県での発掘調査で化石が発見され、新種として「フクイ」という学名がつけられたこの生き物は5例あるよ。この生き物の化石は、飛騨山脈（北アルプス）付近に広がる「手取層群」という1億数千万年前（中生代）の地層から発見されているんだ。この博物館では、化石発掘現場の見学や発掘体験ができるツアーもおこなわれているよ。

金沢

人口：112.4万人

面積：4186km²

石川県
（いしかわけん）

金属箔の工業生産額（きんぞくはく こうぎょうせいさんがく）

石川県
2021年
計
61
億円
50.5
％

その他
48.7

京都府 0.8

（経済構造実態調査）

? 石川県能登半島の白米●●●●●は、世界農業遺産「能登の里山里海」を代表する棚田だよ。下の正解のルートを通れば、●●●●●にあてはまる言葉がわかるよ。どんな名前の棚田なのかな？

こたえ　白米 ｜ ｜ ｜ ｜ ｜

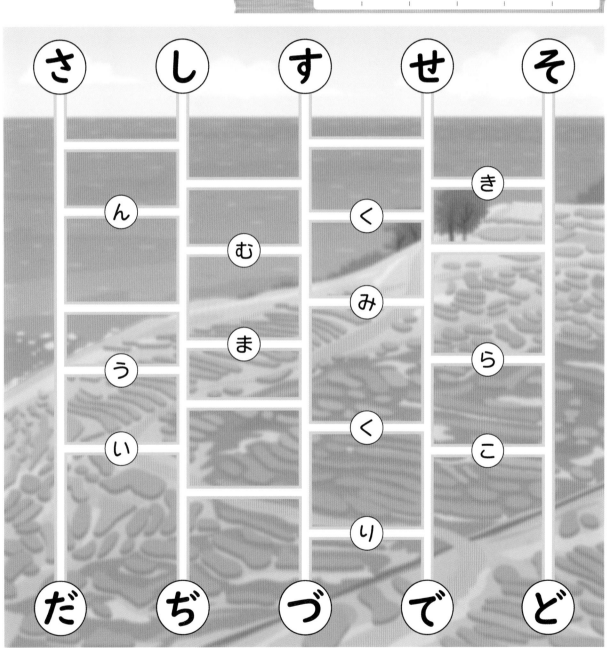

さ　し　す　せ　そ

き

ん　む　く　ら

ま　み　こ

う　く

い　り

だ　ぢ　づ　で　ど

石川県
（いしかわけん）

この棚田は、海に面した斜面に約1000枚もの小さな田が階段のように連なり、農業機械が入れないため、何百年間も人々の手作業で維持されてきた原風景なんだ。しかし、2024年1月1日、能登地方を震源とする最大震度7の大地震が発生し、この棚田にも大きな被害が生じてしまった。復興に向けて地道な修復が続けられているんだ。

💡 こたえは 54 ページ

33

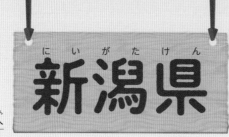

新潟県（にいがたけん）

人口（じんこう）：218.8万人
面積（めんせき）：12583km²

新潟（にいがた）

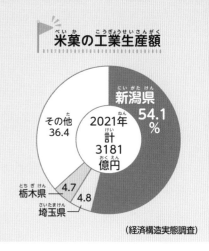

米菓（べいか）の工業生産額（こうぎょうせいさんがく）

新潟県（にいがたけん） 54.1%
2021年（ねん） 計（けい）3181億円（おくえん）

その他 36.4

栃木県（とちぎけん） 4.7
埼玉県（さいたまけん） 4.8

（経済構造実態調査）

？ 新潟県の「佐渡島（さど）の金山（きんざん）」は、17世紀（せいき）に世界最大（せかいさいだい）の金（きん）の生産地（せいさんち）であったとして、世界文化遺産（せかいぶんかいさん）に推薦（すいせん）されているよ。見本（みほん）の金山（きんざん）の割れ目（われめ）とまったく同じ絵（おなじえ）は、❶～❽のうち、どれかな？

こたえ

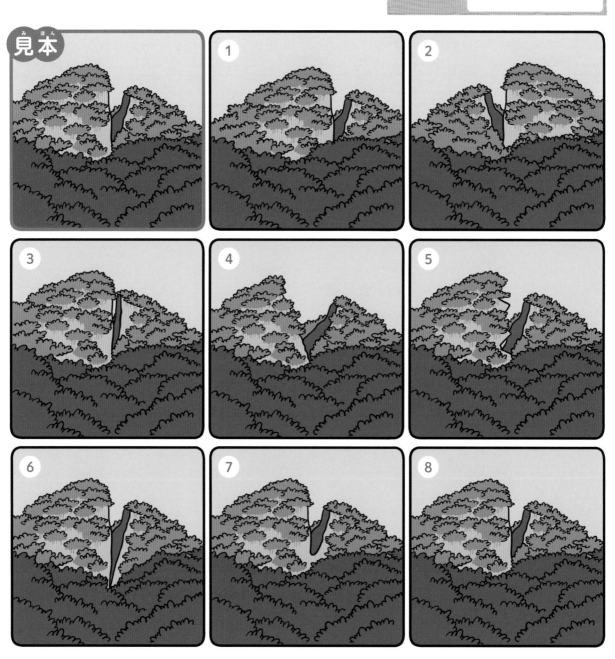

佐渡金山（さどきんざん）は、江戸時代（えどじだい）はじめに大久保長安（おおくぼながやす）が佐渡金山奉行（さどきんざんぶぎょう）となって本格的（ほんかくてき）に開発（かいはつ）され、江戸幕府（えどばくふ）の財政（ざいせい）を支（ささ）えたよ。大久保（おおくぼ）は石見銀山（いわみぎんざん）や伊豆金山（いずきんざん）の開発（かいはつ）でも成果（せいか）をあげ、街道（かいどう）の整備（せいび）など幕府政治（ばくふせいじ）の中心（ちゅうしん）を担（にな）うようになったんだ。「道遊（どうゆう）の割戸（わりと）」は、金山（きんざん）の中央部（ちゅうおうぶ）にある優良（ゆうりょう）な鉱脈（こうみゃく）を人（ひと）の力（ちから）で掘（ほ）り下（さ）げた結果（けっか）、山頂部（さんちょうぶ）が割（わ）れたような形（かたち）になったんだよ。

新潟県（にいがたけん）

横浜 ●

人口：921.5万人
面積：2416㎢

神奈川県

シャンプー・ヘアリンスの工業生産額

神奈川県
16.0%

2021年
計
2186
億円

その他
59.7

愛知県
13.7

大阪府
10.6

（経済構造実態調査）

? 神奈川県の横浜には、約600軒以上の店が集まる世界でも有数の中華街があるよ。中華料理の 🥟 → 🍜 → 🥣 の順番になるように進んで、スタートからゴールをめざそう。

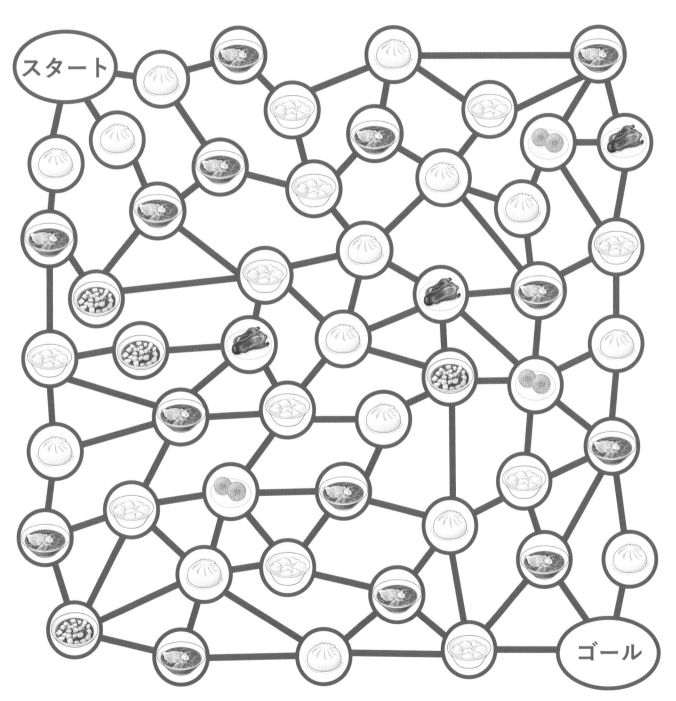

神奈川県

江戸時代の終わり（幕末）、アメリカとの日米修好通商条約などが結ばれたことにより、1859年に小さな漁村であった横浜に貿易港が開かれたよ。次の年に外国人の居住や営業が許される居留地がつくられて、さまざまな人・もの・情報の交流が活発におこなわれ、国際的な貿易港に発展していったよ。中華街も、そのころから形成されていったんだ。

こたえは54ページ

東京都

人口：1379.4万人
面積：2194km²

その他 19.3
東京都 41.8%
2021年 計 10164億円
福島県 15.3
愛知県 23.6

（経済構造実態調査）

東京都では、固有種の宝庫であるとして●●●●●諸島が世界自然遺産に登録されているよ。下の正解のルートを通れば、●●●●●にあてはまる言葉がわかるよ。どんな名前の遺産なのかな？

こたえ ☐ ☐ ☐ ☐ ☐ 諸島

あ　い　う　え　お

の　す　　　が
っ　　　さ　
げ　　　　　ぶ
　わ　ば
　く

ら　り　る　れ　ろ

この島々は、大陸と一度も陸続きとなったことがないよ。そのため、分布する動植物は隔離された環境で独自の進化をとげた固有種が多いんだ。しかし、ほかの地域との交流が増えるにつれて、外来生物が侵入し、数を減らしてしまうよ。そのため、島に渡ってきた人の靴底の泥を洗浄するなど、固有種を守る地道な対策がおこなわれているよ。

東京都

千葉県（ちばけん）

千葉

人口（じんこう）：631.0万人（まんにん）
面積（めんせき）：5156km²

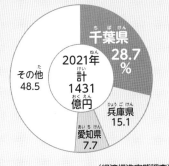

しょう油などの工業生産額（こうぎょうせいさんがく）

千葉県 28.7%
その他 48.5
兵庫県 15.1
愛知県 7.7
2021年（ねん）計（けい）1431億円（おくえん）

（経済構造実態調査）

千葉県の九十九里浜（くじゅうくりはま）は、太平洋（たいへいよう）に面（めん）して約（やく）60kmも続（つづ）く砂浜海岸（すなはまかいがん）で、夏（なつ）は海水浴（かいすいよく）やサーフィンでにぎわうよ。海水浴（かいすいよく）のようすを描（えが）いた上下（じょうげ）の絵（え）を見（み）くらべて、ちがうところを8つ見（み）つけよう。

九十九里浜（くじゅうくりはま）の沖合（おきあ）いは、黒潮（くろしお）（日本海流（にほんかいりゅう））と親潮（おやしお）（千島海流（ちしまかいりゅう））がぶつかる潮目（しおめ）（潮境（しおざかい））ができる好漁場（こうぎょじょう）だよ。紀伊国（きいのくに）（現在（げんざい）の和歌山県（わかやまけん））の漁師（りょうし）によって地引網漁（じびきあみりょう）が伝（つた）えられると、江戸時代（えどじだい）の九十九里浜（くじゅうくりはま）にはイワシの地引網漁（じびきあみりょう）をおこなう漁村（ぎょそん）が発達（はったつ）し、イワシを乾燥（かんそう）させた「干鰯（ほしか）」という肥料（ひりょう）の一大産地（いちだいさんち）となったんだ。

こたえは54ページ

さいたま

埼玉県（さいたまけん）

人口：738.5万人
面積：3797km²

炭酸飲料の工業生産額

埼玉県 14.3%
茨城県 9.5
兵庫県 8.6
その他 67.6
2021年 計 3351億円

（経済構造実態調査）

? 埼玉県の行田にある稲荷山古墳で出土した鉄剣には、表裏に合計115字の銘文が刻まれていたよ。この鉄剣に刻まれていた銘文を左右で見くらべて、ちがう字を8字見つけよう。

正

辛亥年七月中記乎獲居臣上祖名
意富比垝其児多加利足尼其児名
弖已加利獲居其児名多加披次獲居
其児名多沙鬼獲居其児名半弖比

ウラ

オモテ

其児名加差披余其児名乎獲居臣
世々為杖刀人首奉事来至今
獲加多支鹵大王寺在斯鬼宮時
吾左治天下令作此百練利刀記
吾奉事根原也

誤

乙巳年六月中記乎獲居臣上祖氏
意富比垝其児多加利足尼其児名
弖已加利獲居其児名多加披次獲居
其児名多沙鬼獲居其児名半弖比

ウラ

オモテ

其児名加差披余其児名乎獲居臣
世々為杖刀人首奉事来至今
獲加多支鹵中臣寺在斯鬼都時
吾左治天上令作此百練利刀記
吾奉事根原也

埼玉県（さいたまけん）

前方後円墳（20ページ）である稲荷山古墳から、副葬品として出土した鉄剣の115字の銘文には「辛亥年（471年のこととされる）」「獲加多支鹵大王（雄略天皇のこととされる）」などと記されていて、大和朝廷の大王の力が東日本までおよんでいたことがわかる貴重な史料となったんだ。

群馬県

人口：194.3万人
面積：6362k㎡

群馬県
10.6%

長野県
9.1

茨城県
9.0

2021年
計
2893
億円

その他
71.3

(経済構造実態調査)

群馬県の富岡製糸場は、絹織物に使われる生糸をつくる工場で、世界文化遺産に登録されているよ。🍁 → ⬭ → ◈ の順番になるように進んで、スタートからゴールをめざそう。

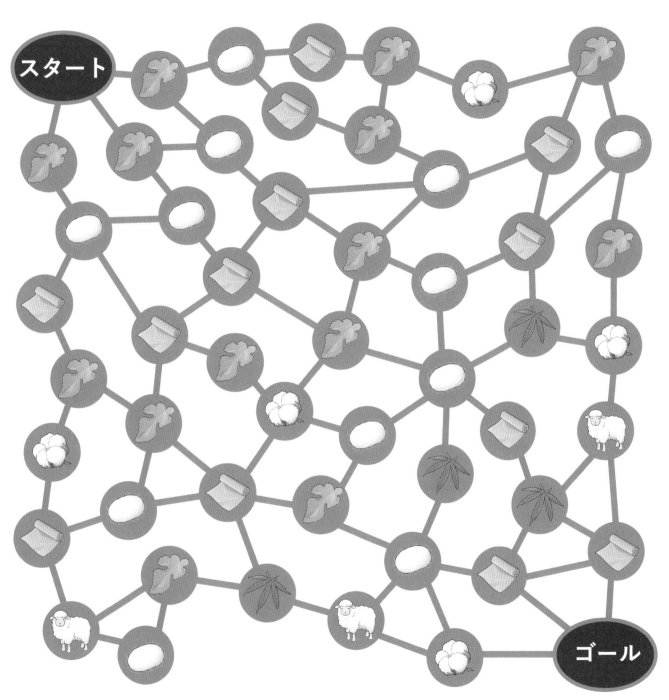

横浜港が開かれると（35ページ）、群馬県や長野県などの生糸が集められ、おもにヨーロッパに輸出されたよ。日本最大の輸出品となった生糸は、カイコのマユから座繰器という道具で巻き取っていたけれど、明治新政府は蒸気機関や水力を動力とした機械によって高品質な生糸づくり（製糸）を広めようと、1872年に富岡製糸場をつくったんだよ。

こたえは55ページ

栃木県

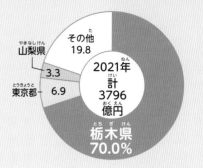

人口：194.2万人
面積：6408㎢

? 栃木県にある日光東照宮では、神厩舎の「見ざる・言わざる・聞かざる」の三猿の彫刻が有名だよ。🙈→🙊→🙉の順番になるように進んで、スタートからゴールをめざそう。

宇都宮

X線装置製造業の工業生産額

その他 19.8
山梨県 3.3
東京都 6.9
栃木県 70.0%
2021年 計 3796 億円

（経済構造実態調査）

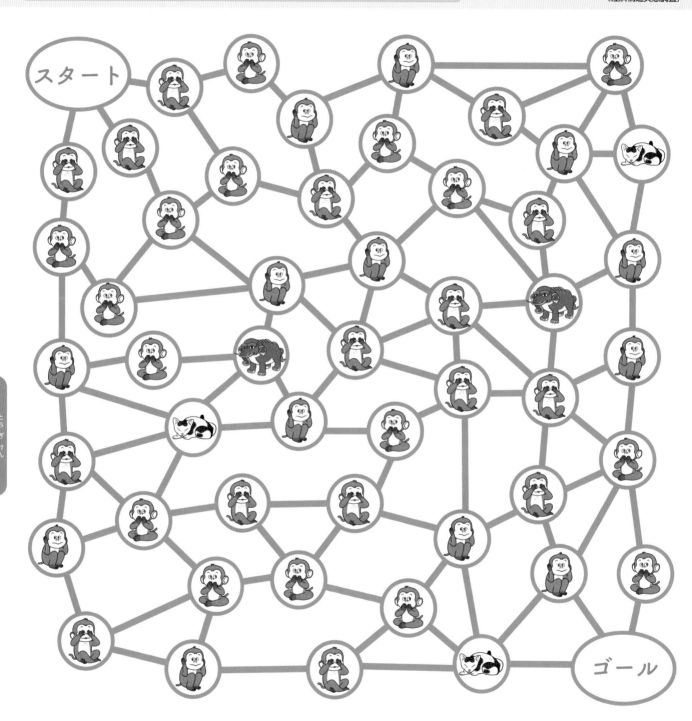

江戸幕府を開いた初代将軍の徳川家康をまつる日光東照宮は、二荒山神社や輪王寺などとともに日光の社寺として世界文化遺産に登録されているよ。権現造の本社や「日暮の門」と呼ばれる陽明門・唐門など有名な建物のほか、左甚五郎の作と伝えられる「眠り猫」の彫刻が国宝だよ。三猿は、人間の一生を描いた8面の彫刻のうちの1つなんだ。

水戸

人口：289.0万人
面積：6097km²

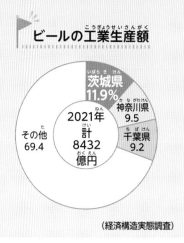

茨城県
11.9%

神奈川県
9.5

2021年
計
8432
億円

千葉県
9.2

その他
69.4

（経済構造実態調査）

? 茨城県の霞ヶ浦は、日本で2番目に大きい湖だよ。見本のシルエットは、霞ヶ浦だよ。このシルエットを逆さまにしたとき、まったく同じ形になる湖は、１〜11のうち、どれかな？

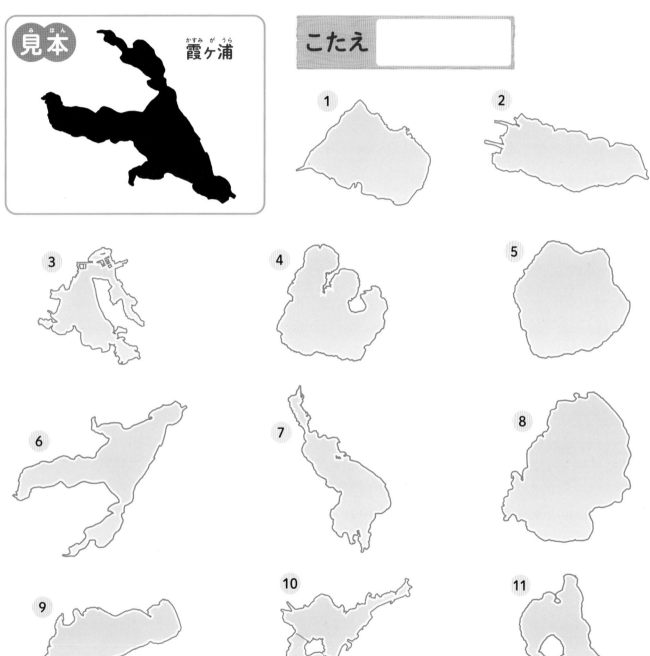

見本　　霞ヶ浦

こたえ

1
2
3
4
5
6
7
8
9
10
11

霞ヶ浦は、もともと入り江だった海が土砂などで閉ざされてできた海跡湖で、次第に海水が流れこまなくなり、淡水湖になっていったよ。そのため、湖面の標高は0.26mと低いよ。湖のまわりに広がっている低湿地帯には、レンコンを栽培する蓮田がたくさん見られ、レンコンの生産量は、茨城県が全国のおよそ半分を占めているんだ。

こたえは55ページ

福島

人口：184.1万人
面積：13784km²

福島県

金属製パッキンなどの工業生産額

金属製パッキンなどの工業生産額

2021年
計
2424
億円

福島県 31.2％

岡山県 10.0

静岡県 9.8

その他 49.0

（経済構造実態調査）

? 福島県の磐梯山のふもとにある猪苗代湖は、日本で4番目に面積が大きい湖だよ。見本の猪苗代湖とまったく同じ形のシルエットは、①〜⑪のうち、どれかな？

見本　猪苗代湖

こたえ

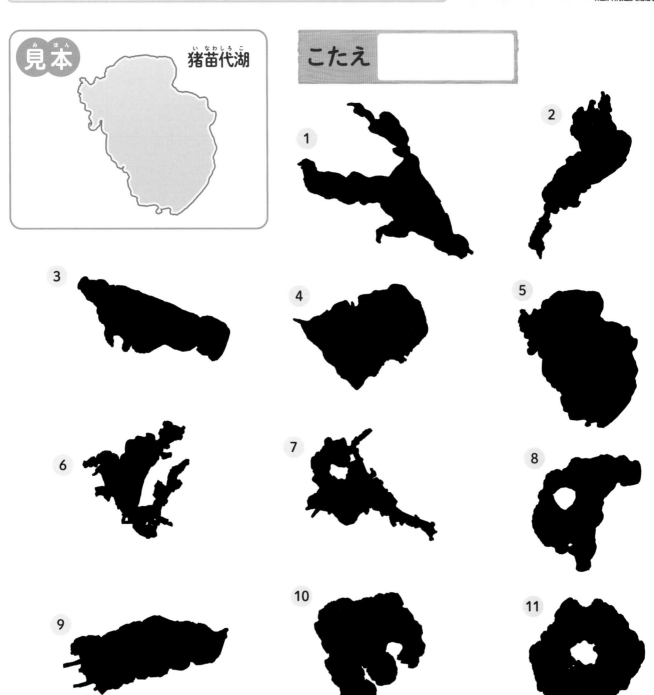

🔍 猪苗代湖には、鉱山の地下水や温泉の影響で鉄やアルミニウムの溶けた弱い酸性の水が川から流れこむため、プランクトンや魚などが少ないかわりに、水質がきれいだよ。猪苗代湖から日橋川や安積疏水へと流れ出る水は、水力発電のための発電用水を中心に、会津盆地や郡山盆地の水道用水・農業用水として利用されているんだ。

せんだい
仙台

宮城県
みやぎけん

人口：226.8万人
じんこう　　　　　　まんにん

面積：7282km²
めんせき

スイッチの工業生産額
こうぎょうせいさんがく

宮城県
みやぎけん
29.1
％

2021年
ねん
計
1743
億円
おくえん

その他
た
50.3

山梨県
やまなしけん
10.7

三重県
みえけん
9.9

（経済構造実態調査）

? 宮城県の仙台で8月におこなわれる仙台七夕まつりは、東
みやぎけん　せんだい　　がつ　　　　　　　　　せんだいたなばた　　　　　とう
北三大祭りの1つだよ。仙台七夕まつりのようすを描いた
ほくさんだいまつり　　　　　　せんだいたなばた　　　　　　　　　え
左右の絵を見くらべて、ちがうところを5つ見つけよう。
さゆう　え　み　　　　　　　　　　　　　　　　み

七夕は、旧暦の7月7日の夜、牽牛星（アルタイル）と織女星（ベガ）が天の川を渡って1年に1度だけ会うという
たなばた　きゅうれき　がつなのか　よる　けんぎゅうせい　　　　　　　　しょくじょせい　　　　　　あまがわ　わた　　　ねん　ど　あ
中国の伝説にルーツがある年中行事だよ。仙台七夕まつりでは、町中が鮮やかな七夕飾りであふれ、5本で1セットの
ちゅうごく　でんせつ　　　　　　　ねんちゅうぎょうじ　　　せんだいたなばた　　　　　まちじゅう　あざ　　　　たなばたかざ　　　　　　ほん
大きな吹き流しは、その豪華さを競い合って、商店街にたくさん飾られるんだよ。
おお　ふ　なが　　　　　ごうか　きそ　あ　　　しょうてんがい　　　　　かざ

山形

山形県（やまがたけん）

人口：105.6万人
面積：9323㎢

パソコン製造業の工業生産額（せいぞうぎょう こうぎょうせいさんがく）

山形県（やまがたけん）27.9%

2021年（ねん）
計（けい）
6968
億円

長野県（ながのけん）12.2

神奈川県（かながわけん）10.1

その他（た）49.8

（経済構造実態調査）

? 山形県の蔵王温泉（ざおうおんせん）は、冬（ふゆ）の樹氷（じゅひょう）とスキーが名物（めいぶつ）として有名（ゆうめい）だよ。樹氷林（じゅひょうりん）のようすを描（えが）いた下（した）の絵（え）の中（なか）に、見本（みほん）とまったく同（おな）じ樹氷（じゅひょう）がどこにあるか、見（み）つけられるかな？

見本（みほん）

🔍 樹氷（じゅひょう）は、ふつう－（マイナス）5℃以下（いか）に冷（ひ）やされた水蒸気（すいじょうき）や水滴（すいてき）が樹木（じゅもく）に吹（ふ）きつけられた瞬間（しゅんかん）に凍（こお）った氷（こおり）のことで、氷（こおり）は気泡（きほう）を多（おお）く含（ふく）むため、透明（とうめい）ではなく白（しろ）くなるとされているよ。蔵王（ざおう）では、自生（じせい）しているアオモリトドマツに氷（こおり）や雪（ゆき）が吹（ふ）きつけられて樹氷林（じゅひょうりん）ができ、雪（ゆき）にも埋（う）もれないことから、雪原一面（せつげんいちめん）に樹氷（じゅひょう）が広（ひろ）がる景観（けいかん）が貴重（きちょう）な観光資源（かんこうしげん）となっているんだ。

もりおか
●盛岡

岩手県
（いわてけん）

じんこう
人口：120.6万人
めんせき
面積：15275km²

▶ こたえは 56 ページ

もくたん せいさんりょう
木炭の生産量

岩手県
14.7%

その他
62.8

2022年
計
1.2
万トン

しまねけん
島根県
14.2

ぎふけん
岐阜県
8.3

（特用林産物生産統計調査）

いわてけん ひらいずみ へいあんじだい こうえき さか おうしゅうふじわらし みやこ
岩手県の平泉では、平安時代に交易で栄えた奥州藤原氏が、都の
ぶんか と い どくじ ぶんか きず
文化を取り入れながら、独自の文化を築いたよ。🍚→🐴→
じゅんばん すす
🏺の順番になるように進んで、スタートからゴールをめざそう。

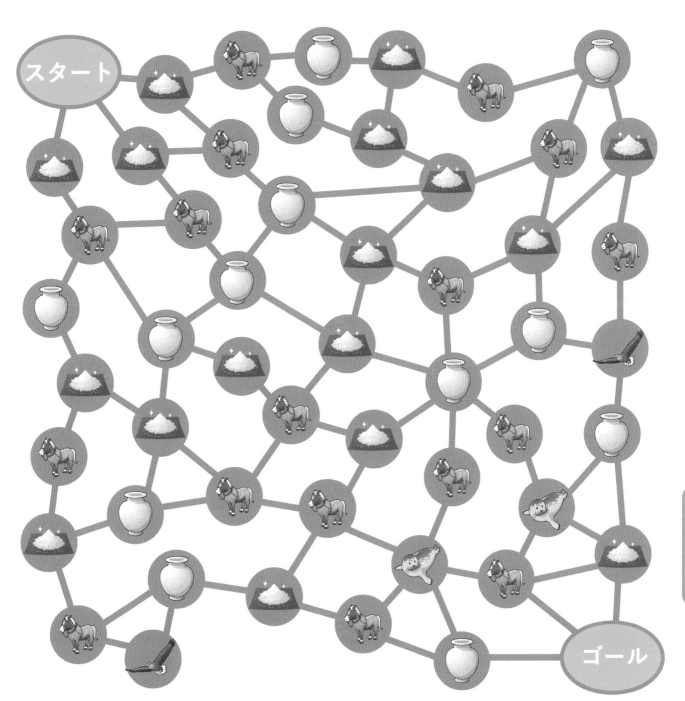

スタート

ゴール

岩手県
（いわてけん）

おうしゅうふじわらし さきん うま さんぶつ ほっぽう こうえき え めずら しな きぞく おく ぶつぞう とうじき ちょうたつ
奥州藤原氏は、砂金や馬などの産物や北方との交易で得た珍しい品を貴族などへ送り、仏像や陶磁器を調達するなど
みやこ ぶんか と い ふじわらし だい こんじきどう ゆうめい ちゅうそんじ もうつうじ むりょうこういんあと
して都の文化を取り入れたよ。藤原氏3代のミイラが納められた金色堂で有名な中尊寺や、毛越寺・無量光院跡など
ひらいずみ ぶっこくど じょうど あらわ けんちく ていえんおよ こうこがくてき いせきぐん せかいぶんかいさん とうろく
が「平泉ー仏国土（浄土）を表す建築・庭園及び考古学的遺跡群ー」として世界文化遺産に登録されているよ。

秋田県（あきたけん）

●秋田（あきた）

人口（じんこう）：95.6万人（まんにん）
面積（めんせき）：11637k㎡

ラズベリーの収穫量（しゅうかくりょう）

山形県（やまがたけん）
31.5

秋田県（あきたけん）
35.2%

2021年（ねん）
計（けい）
5.4トン

北海道（ほっかいどう）
33.3

（特産果樹生産動態等調査）

? 秋田県（あきたけん）の鹿角（かづの）の大湯環状列石（おおゆかんじょうれっせき）は、「北海道・北東北の縄文遺跡群（ほっかいどう・きたとうほく・じょうもんいせきぐん）」の1つとして世界文化遺産（せかいぶんかいさん）に登録（とうろく）されているよ。見本（みほん）の環状列石（かんじょうれっせき）とまったく同（おな）じ絵（え）は、 1 〜 8 のうち、どれかな？

こたえ

見本（みほん）

1

2

3

4

5

6

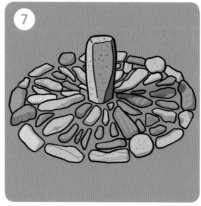

7

8

秋田県（あきたけん）

環状列石（かんじょうれっせき）は、環（わ）になるように石（いし）を並（なら）べたストーンサークルのことで、イギリスのストーンヘンジなどが有名（ゆうめい）だよ。大湯（おおゆ）環状列石（かんじょうれっせき）は、ストーンサークルのまわりに建物（たてもの）や墓（はか）などの跡（あと）があり、土偶（どぐう）など儀式（ぎしき）に使（つか）われた道具（どうぐ）が出土（しゅつど）しているんだ。細長（ほそなが）い1本（ぼん）の石（いし）を中心（ちゅうしん）に立（た）てた「日時計状組石（ひどけいじょうくみいし）」は、太陽（たいよう）の動（うご）きと関連（かんれん）しているのではないかといわれているよ。

青森_(あおもり)

人口_(じんこう)：124.3万人_(まんにん)
面積_(めんせき)：9645k㎡

青森県_(あおもりけん)

にんにくの収穫量_(しゅうかくりょう)

その他_(た)
25.1

2021年_(ねん)
計_(けい)
2.0
万_(まん)トン

香川県_(かがわけん)
3.7

北海道_(ほっかいどう)
4.4

青森県_(あおもりけん)
66.8%

（作物統計調査_(さくもつとうけいちょうさ)）

? 青森県_(あおもりけん)の青森_(あおもり)で8月_(がつ)におこなわれる青森_(あおもり)ねぶた祭_(まつり)は、東北三_(とうほくさん)大祭_(だいまつ)りの1つだよ。「ねぶた」の巨大_(きょだい)な山車_(だし)のようすを描_(えが)いた上下_(じょうげ)の絵_(え)を見_(み)くらべて、ちがうところを7つ見_(み)つけよう。

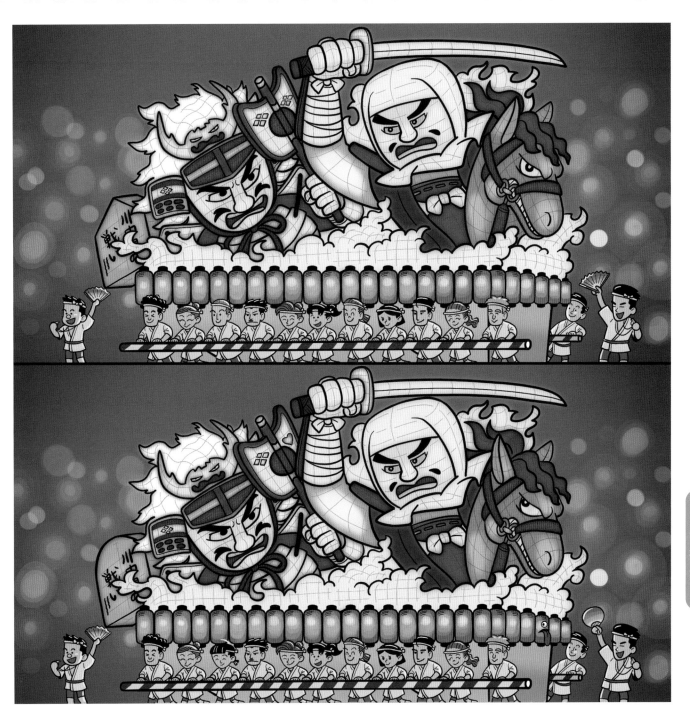

ねぶたは、もともと睡魔_(すいま)と一緒_(いっしょ)に灯籠_(とうろう)を海_(うみ)や川_(かわ)へ流_(なが)す七夕_(たなばた)（43ページ）の行事_(ぎょうじ)に関係_(かんけい)しているといわれているよ。巨大_(きょだい)で立体的_(りったいてき)な山車_(だし)は、木材_(もくざい)や針金_(はりがね)の骨組_(ほねぐ)みに紙_(かみ)を貼_(は)り、内側_(うちがわ)から照明_(しょうめい)を灯_(とも)すつくりになっているんだ。数十人_(すうじゅうにん)の曳_(ひ)き手_(て)によって曳_(ひ)かれる山車_(だし)のまわりを、「ラッセラー・ラッセラー」などの掛_(か)け声_(ごえ)とともに跳人_(はねと)が踊_(おど)り歩_(ある)くんだよ。

青森県_(あおもりけん)

💡 こたえは56ページ

北海道
（ほっかいどう）

人口：518.3万人
面積：83423㎢

●札幌（さっぽろ）

砂糖製造業の工業生産額

- 鹿児島県（かごしまけん）
- その他2.7
- 7.9
- 沖縄県（おきなわけん）14.3
- 2021年（ねん）計（けい）1273億円（おくえん）
- 北海道（ほっかいどう）75.1%

（経済構造実態調査）

？ 北海道のオホーツク海沿岸には、冬になると北方でできた流氷が風や海流によって運ばれてくるよ。下の流氷の間をうまく通りぬけながら、スタートからゴールをめざそう。

※水色の海氷が見えているところだけ通れるよ。

スタート

ゴール

🔍 流氷は、海水が凍った海氷のうち、漂流している氷のことだよ。海氷の影響を受けた海と陸の生態系の豊かなつながりなどが評価され、北海道の知床は世界自然遺産に登録されているんだ。海氷が育む豊富なプランクトンがサケなど魚のエサとなり、海鳥やヒグマがそれを食べ、やがて土にかえり…とつながっていく食物連鎖が形成されているんだ。

北海道（ほっかいどう）

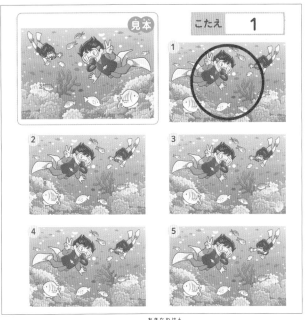

P2　沖縄県（おきなわけん）

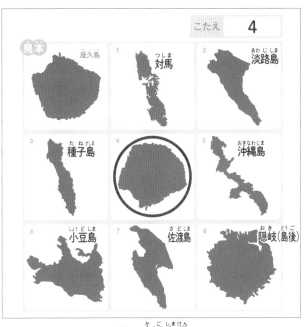

P3　鹿児島県（かごしまけん）

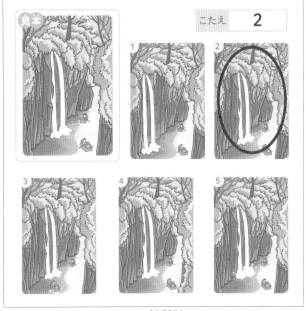

P4　宮崎県（みやざきけん）

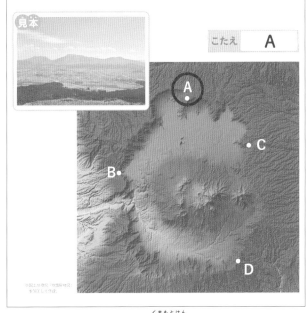

P5　熊本県（くまもとけん）

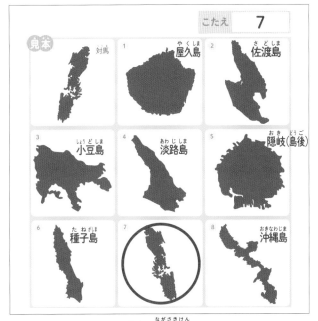

P6　長崎県（ながさきけん）

P7　佐賀県（さがけん）

P8　大分県（おおいたけん）

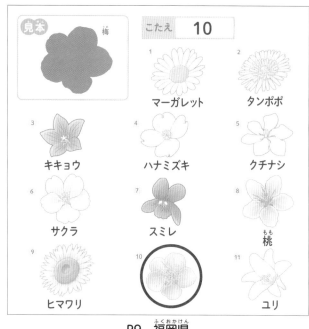

P9　福岡県（ふくおかけん）

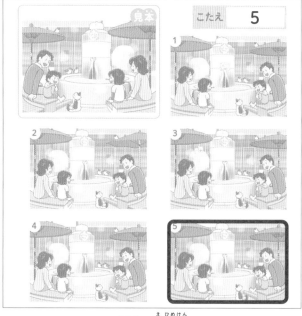

P10　愛媛県（えひめけん）

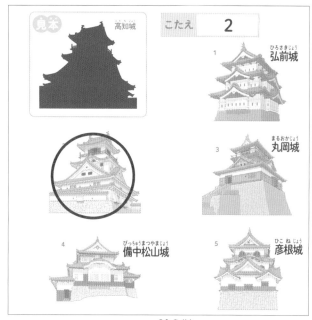

P11　高知県（こうちけん）

P12　徳島県（とくしまけん）

P13　香川県（かがわけん）

50

P14 山口県

P15 広島県

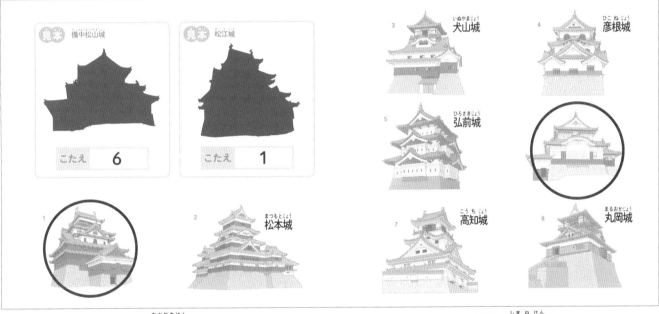

P16 岡山県

備中松山城　こたえ 6
松江城　こたえ 1

3 犬山城
4 彦根城
5 弘前城
7 高知城
8 丸岡城
1
2 松本城

P17 島根県

姫路城　こたえ 3

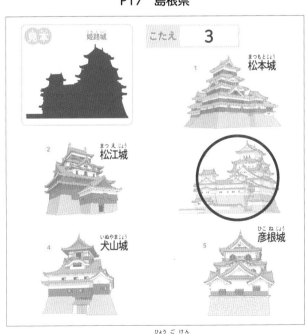

こたえ 5
1 ウマ
2 シカ
3 ヤギ
4 トナカイ
5 ラクダ
6 ロバ
7 ライオン
8 カモシカ

P18 鳥取県

1 松本城
2 松江城
4 犬山城
5 彦根城

P19 兵庫県

P20　大阪府

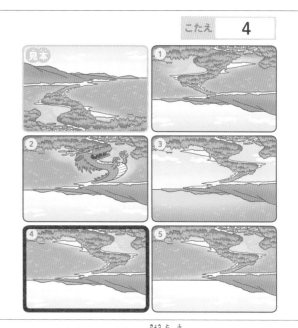

P21　京都府

A　高野参詣道・小辺路
B　中辺路
C　大峯奥駈道
D　大辺路
E　伊勢路
F　中辺路（川の参詣道）

P22　奈良県

このルートは「笑辺路」と呼ばれ、かなりの距離を歩かなければならないよ。「中辺路」と分かれると、若手ノ浦を見ながら進み、また「中辺路」と合流するんだ。道中の景色がいいので、江戸時代には画家や歌人など観光をかねた人々がよく利用していたといわれているよ。けれども、断崖や峠越の起伏が続くため、歩くのに険しいことは変わりないんだ。鉄道や国道が整備されたため、やがて使われなくなり、本来のルートがわからなくなってしまった場所もあるんだよ。

こたえ　D

このルートは、修験道の祖である役行者（後小角）が開いたといわれ、修験道の山伏がこの道に入って読経や修法などの修行をすることを「峯入」というよ。標高1200～1900ｍの山々の尾根を縫うように縦走することになり、熊野古道で最も険しいルートなんだ。2つの聖地を結ぶ道中には寺社のほか、「宿」や「靡」と呼ばれる修験道の聖地がたくさんあるよ。源義経・後醍醐天皇の南朝・鹿狭勇者などに関連する有名な史跡が集まっているエリアは、ロープウェイと徒歩でめぐることができるよ。

こたえ　C

このルートは「小辺路」や「高野街道」と呼ばれ、起伏が激しく、標高1000ｍ以上の峠を3つも越えなければならないけれども、2つの有名な霊場を最短距離で結び、商人などがよく使ったといわれているよ。100を超える寺院が集まる高野山までは、「高野七口」といわれるようにこのルートをふくむ7つの参詣道があったけれど、今はケーブルカーやバスを使って行けるよ。高野山から先のルートは手つかずの自然が残され、交通機関や宿泊施設も少ないから、歩くには十分な装備と計画が必要だよ。

こたえ　A

P23　和歌山県

P24　滋賀県

P25　三重県

P26 愛知県（あいちけん）

P27 長野県（ながのけん）

P28 山梨県（やまなしけん）

P29 静岡県（しずおかけん）

P30 岐阜県（ぎふけん）

P31 富山県（とやまけん）

こたえ <ruby>恐竜<rt>きょうりゅう</rt></ruby>

P32 <ruby>福井県<rt>ふくいけん</rt></ruby>

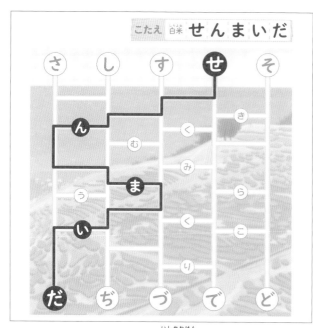

こたえ 白米 せんまいだ

P33 <ruby>石川県<rt>いしかわけん</rt></ruby>

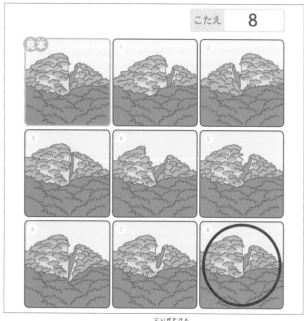

こたえ 8

P34 <ruby>新潟県<rt>にいがたけん</rt></ruby>

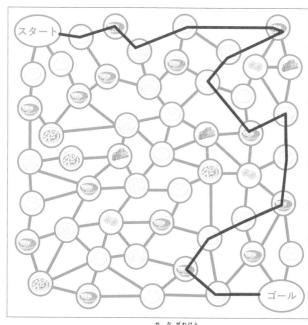

P35 <ruby>神奈川県<rt>かながわけん</rt></ruby>

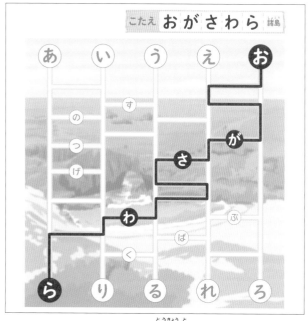

こたえ おがさわら 諸島

P36 <ruby>東京都<rt>とうきょうと</rt></ruby>

P37 <ruby>千葉県<rt>ちばけん</rt></ruby>

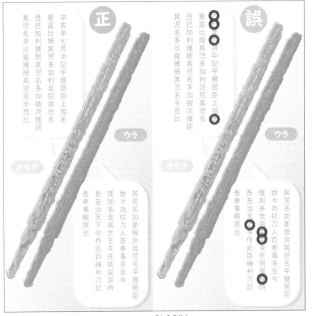

P38 埼玉県（さいたまけん）

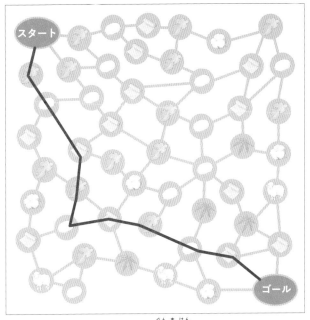

P39 群馬県（ぐんまけん）

P40 栃木県（とちぎけん）

P41 茨城県（いばらきけん）

P42 福島県（ふくしまけん）

P43 宮城県（みやぎけん）

P44　山形県

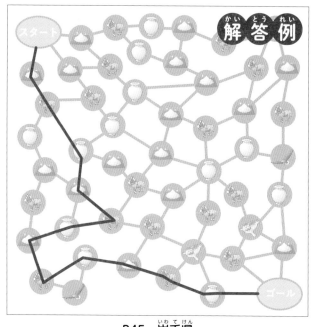

P45　岩手県

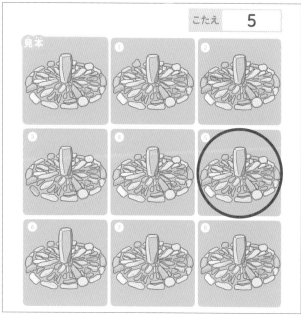

P46　秋田県

P47　青森県

P48　北海道

さくいん